BEI GRIN MACHT SICH IHR
WISSEN BEZAHLT

Virus versus Lockdown. Eine ethische Beurteilung der Corona Krise

Bibliografische Information der Deutschen Nationalbibliothek:

Die Deutsche Nationalbibliothek verzeichnet diese Publikation in der Deutschen Nationalbibliografie; detaillierte bibliografische Daten sind im Internet über http://dnb.d-nb.de abrufbar.

ISBN: 9783389027998
Dieses Buch ist auch als E-Book erhältlich.

Druck und Bindung: Books on Demand GmbH, Norderstedt Germany
Gedruckt auf säurefreiem Papier aus verantwortungsvollen Quellen

Das vorliegende Werk wurde sorgfältig erarbeitet. Dennoch übernehmen Autoren und Verlag für die Richtigkeit von Angaben, Hinweisen, Links und Ratschlägen sowie eventuelle Druckfehler keine Haftung.

Das Buch bei GRIN: https://www.grin.com/document/1477812

Virus vs. Lockdown

Eine ethische Beurteilung der Corona Krise

Inhalt

Einleitung

„Die Krise trifft eine zuvor gesunde Wirtschaft wie eine unvermittelte Naturkatastrophe."[1]

Auch im Jahr 2021 ist die Corona Pandemie allgegenwärtig und zeigt sich als tiefer Schnitt in das Leben des Menschen. In erster Linie bedroht das Virus die Unversehrtheit des menschlichen Lebens, wobei diese Gefahr nicht die einzige bleibt. Denn inmitten des *Lockdowns* und *Shutdowns* wird deutlich, dass nicht nur die Gesundheit des Menschen durch die Pandemie bedroht ist, sondern auch in der Wirtschaft zeigen sich die Folgen der Pandemie deutlich.

Die Wirtschaft sowie das gesamte gesellschaftliche Leben werden heruntergefahren, die Wohnung wird nur noch mit einem Mund-Nasen-Schutz in der Tasche verlassen. Diese surrealen Bilder sind zur Normalität in der aktuellen Lage der Welt geworden und ein Ausgang aus der Krise scheint so weit entfernt, wie noch nie zuvor. Die Menschen bleiben in ihrem gesellschaftlichen als auch in ihrem beruflichen Leben eingeschränkt, sodass zahlreiche Menschen vor der Arbeitslosigkeit als auch vor der Kurzarbeit stehen. Des Weiteren stößt auch das Gesundheitssystem auf ihre maximale Belastbarkeit, denn die Pflegekräfte in Europas Krankenhäusern stehen vor der größten Arbeitsbelastung wie sonst nirgendwo. Der Ausflug in den Supermarkt bleibt für lange Zeit die einzige Möglichkeit das Eigenheim zu verlassen. Eine Situation herrscht in Deutschland und Europa, wie man sie sich niemals hätte ausmalen können. Doch wie lange kann ein Staat seine Wirtschaft auf ein absolutes Minimum herunterfahren? Ist der finanzielle Tod so vieler Menschen mit einer eventuell harmlosen verlaufenden Infektion ebenbürtig?

Der Staat und die Gesellschaft sind sich in dieser Frage weitestgehend einig, dass die Gesundheit das höchste Gut ist. Doch als vermutliche Folge der Krise werden viele Menschen ihre Existenzgrundlage verlieren, sodass sich trotz dessen die Frage stellt, ob die Entscheidungen, so wie sie getroffen wurden, aus ethischer Sicht richtig waren.

---

[1] Ossig, Christian (2020). Verfügbar unter:
<https://bankenverband.de/newsroom/zitate/coronakrise-schnelle-unkomplizierte-hilfe/>.
(eingesehen am 10.02.2021).

1. Die Wirtschaft in der Corona Krise

Das Coronavirus ist wohl das bekannteste Virus der heutigen Zeit, wobei zunächst genauer geklärt werden soll, was unter dem neuartigen Virus überhaupt verstanden wird.

Der neuartige Virus ist im Bereich der Medizin auch bekannt unter „SARS-CoV-2"[2], wobei der Virus seinen Ursprung im Tierreich findet, inzwischen aber hoch ansteckend von Mensch zu Mensch übertragen werden kann.[3] Dementsprechend trägt ein infizierter Mensch das Virus „im Durchschnitt an etwa 2,5 bis 3,5 weitere Personen weiter."[4] Dementsprechend wird der Ausbreitung des Virus entgegengewirkt, sodass „die Antwort nahezu aller Regierungen der betroffenen Länder [Lockdown] lautet."[5] Dirk Richter definiert den Begriff Lockdown als „Synonym für sämtliche nicht-pharmakologische Maßnahmen zur Pandemieeindämmung [...], etwa für das Maskentragen oder die Verpflichtung zum Einhalten von Distanz."[6] Doch nichts desto trotz hat die Corona Pandemie tiefgehende Folgen für die Gesellschaft, was unter anderem auch an der Bekämpfung mittels des Lockdowns liegt.[7] So haben „Milliarden Menschen [...] die wirtschaftlichen und psychosozialen Konsequenzen zu bewältige."[8] Dabei werden sowohl kurzfristige als auch langfristige Folgen sichtbar und absehbar, wobei sich auch vielversprechende Entwicklungen zeigen. Dementsprechend haben „die Pandemie und der Lockdown [...] einen deutlichen Schub an Digitalisierung und Automatisierung in vielen Bereichen der Arbeitswelt angestoßen."[9] Auf der anderen Seite hingegen zieht diese Entwicklung auch Konsequenzen nach sich, sodass dieser Schub folglich „mit einem erheblichen Abbau von Arbeitsplätzen verbunden ist."[10]

Auch wurden in Deutschland unter anderem Großveranstaltungen abgesagt, die Schulen und Kitas geschlossen sowie ein „umfassendes Kontaktverbot (das

---

[2] Renz-Polster, Herbert: Alles über Corona. Was du wissen musst. Was du tun kannst, 2020, S. 1.
[3] Ebd. S. 1-2.
[4] Ebd.
[5] Richter, Dirk: War der Coronavirus-Lockdown notwendig? Versuch einer wissenschaftlichen Antwort, Bielefeld 2021, S. 9.
[6] Ebd. S. 10.
[7] Vgl. Ebd.
[8] Ebd.
[9] Ebd. S. 11.
[10] Ebd.

sogenannte Social Distancing) erlassen."[11] Des Weiteren geht der Weltwährungsfonds davon aus, dass „die wirtschaftliche Aktivität in der Bundesrepublik aufgrund des Lockdown[s] massiv beeinträchtigt wird."[12] Folglich entstehen Einschränkungen durch „behördlich angeordneten Betriebsschließungen oder – Einschränkungen."[13] Daraus folgt wiederum eine Einschränkung der Verfügbarkeit von gewissen Produkten, da solche Unternehmen, die nicht direkt von behördlichen Schließungen betroffen sind, nicht in dem Ausmaß produzieren können wie zuvor, da ein Teil der Nachfrage wegfällt.[14]

Neben den wirtschaftlichen Folgen kann der Lockdown auch „gesundheitliche Konsequenzen haben,"[15] denn durch Isolation kann auch die Psyche des Menschen erkranken, sodass „Menschen mit psychischen und anderen Behinderungen […] in vielen Regionen das Areal ihres Heims über Wochen hinweg nicht verlassen"[16] durften. Das Potenzial der Traumatisierung einer solchen Einschränkung wird hier allzu deutlich. So „sind mit den Maßnahmen gegen das Virus einschneidende Zumutungen verbunden"[17], äußerte sich auch Andreas Suchanek.

Der Infektionsschutz steht hierbei unangefochten über der „so gravierend[en] […] Freiheitseinschränkung."[18]

In diesem Zusammenhang wird die Frage nach dem Erfordernis dieser Entscheidungen umso deutlicher, sodass eine ethische Beurteilung im Rahmen dieser Eindämmung durchaus plausibel ist, denn so ist „die halbe Menschheit […] von verschiedenen intensiven Restriktionen betroffen gewesen, die von Ausgangssperren über Kontaktbeschränkungen bis hin zu bloßen Verhaltensempfehlungen reichten."[19]

---

[11] Felbermayr, Gabriel; Hinz, Julian; Mahlkow, Hendrik: Deutschlands Wirtschaft seit dem Corona-Lockdowns. Wirtschaftliche Effekte des Lockdown in Deutschland, in: Kiel Policy Brief, No. Spezial Corona-Update 1 (2020), S. 6.
[12] Ebd.
[13] Ebd.
[14] Vgl. Ebd. S. 7.
[15] Richter, Dirk: War der Coronavirus-Lockdown notwendig? Versuch einer wissenschaftlichen Antwort, Bielefeld 2021, S. 11.
[16] Ebd.
[17] Suchanek, Andreas: Wirtschaft, Gesundheit und der ethische Kompass. Eine ethische Reflexion in Zeiten von Corona, in: Lehren aus Corona. Impulse aus der Wirtschafts- und Unternehmensethik, hrsg. v. Alexander Brink, Bettina Hollstein, Marc C. Hübscher u.a., Baden-Baden 2020, S. 181.
[18] Richter, Dirk: War der Coronavirus-Lockdown notwendig? Versuch einer wissenschaftlichen Antwort, Bielefeld 2021, S. 11.
[19] Ebd. S. 11-12.

Auch im Jahr 2021 wird die Einschränkung der Bevölkerung weiter Bestand haben, da die Grundimmunisierung der Bevölkerung durch eine Impfung noch lange andauern wird.

Dementsprechend soll im Folgenden eine ethische Bewertung erfolgen, inwiefern die Wirtschaft eingeschränkt werden kann in Bezug auf die Aufrechterhaltung der Gesundheit des Menschen.

1. Der ethische Kompass nach Andreas Suchanek

Die Aufgaben der Ethik können generell sehr unterschiedlich aussehen, wobei doch generell gesagt werden kann, „dass sie [die Ethik] – direkte oder indirekte – Handlungsorientierungen bieten soll"[20], so Andreas Suchanek. Folglich soll durch die Ethik „das Dilemma"[21] der Corona Krise beurteilt werden, welches darin besteht, „dass Risiken der Gesundheit und sogar des Todes Einzelner abzuwägen sind gegenüber den evtl. weitreichenden wirtschaftlichen (und weiteren) Schädigungen und Einschränkungen vieler."[22]

Als grundlegendes ethisches Prinzip soll dementsprechend der ethische Kompass definiert werden, welcher den Punkt der gesellschaftlichen Handlungsorientierung des „Nicht-Schädigungsprinzip (>do no harm<)"[23] erläutern soll.

Zunächst soll die Ethik als normative Ethik erläutert werden, welche Suchanek wie folgt definiert:

> [Die Ethik soll] das gute Leben aller Menschen fördern [...], indem sie die wechselseitigen Verhaltenserwartungen und als Folge die individuellen Handlungen als Beiträge zur gesellschaftlichen Kooperation koordinieren.[24]

Eine weitere Abgrenzung zu den gesellschaftlichen Orientierungspunkten wird durch die Unterscheidung in ethische Orientierungspunkte erlangt, womit „solche >verallgemeinerbaren< Handlungsvorgaben bezeichnet [werden], von denen vernünftigerweise angenommen werden kann, dass Individuen ihnen zustimmen."[25]

---

[20] Suchanek, Andreas: Wirtschaft, Gesundheit und der ethische Kompass. Eine ethische Reflexion in Zeiten von Corona, in: Lehren aus Corona. Impulse aus der Wirtschafts- und Unternehmensethik, hrsg. v. Alexander Brink, Bettina Hollstein, Marc C. Hübscher u.a., Baden-Baden 2020, S. 182.
[21] Ebd. S. 181.
[22] Ebd.
[23] Ebd.
[24] Ebd. S. 182.
[25] Ebd.

4

Folglich wird das als ethisch richtig angesehen, was allgemein dem Wohl der Bevölkerung dient und den geringsten Schaden bringt. Demnach definiert Suchanek „typische ethische Orientierungspunkte [...] [wie] etwa (moralische) Werte wie Gerechtigkeit, Solidarität, Respekt oder Normen."[26] Solange diese ethischen Orientierungspunkte also von den Menschen anerkannt bleiben, ist etwas ethisch vertretbar. Infolgedessen „können [wir] vernünftigerweise voneinander erwarten, dass wir einander nicht (ohne akzeptable) Gründe schädigen."[27]

Insofern scheint es nur als selbstverständlich, dass dieses Prinzip der Nicht-Schädigung in vielen Ländern der heutigen Zeit zu finden ist.[28] Entsprechend soll der ethische Kompass das Nicht-Schädigungs-Prinzip als heuristisches Verfahren definieren, um neue Erkenntnisse zu gelangen.[29]

Generell lässt sich der ethische Kompass in vier Elemente unterscheiden, wohingegen Suchanek von der „Freiheit"[30] als Ausgangspunkt ausgeht. Dabei stellt sich die Frage, inwiefern das Element der Freiheit verwendet werden kann, sodass „die Anerkennung legitimer Erwartungen der vom Freiheitsgebrauch Betroffenen und deren Berücksichtigung im eigenen Verhalten"[31] liegen kann. Genauer beschreibt Suchanek, dass in der Verwendung des Gebrauchs der Freiheit niemand „unangemessen zu schädigen"[32] ist.

Im Fall des Coronavirus ist es hingegen von enormer Schwierigkeit, man kann sogar sagen von Unmöglichkeit immer „so zu handeln, dass keinerlei Schädigung [für niemanden] auftritt."[33] Folglich geht es Suchanek darum, dass eine Schädigung mit guten Gründen zusammenhängt, sodass offensichtlich von einer „legitimen Schädigung"[34] gesprochen werden kann. Hierbei führt Suchanek ein sehr plausibles Beispiel an, welches auch denkbar mit der Corona Krise vergleichbar ist. Nämlich scheint es „offensichtlich eine legitime Schädigung, wenn ein*e Chirurg*in eine Operation durchführt und dabei Patient*innen zwar verletzt, aber dies letztlich zu deren Wohl unternimmt."[35] Ähnliche Prozesse vollziehen sich während der Corona

---

[26] Ebd. S. 183.
[27] Ebd. S. 183.
[28] Ebd. S. 184.
[29] Vgl. Ebd.
[30] Ebd.
[31] Ebd.
[32] Ebd. S. 185.
[33] Ebd.
[34] Ebd.
[35] Ebd.

Krise, sodass der Mensch auf der einen Seite in seiner Freiheit eingeschränkt wird, auf der andere Seite jedoch versucht wird, damit die Gesundheit des Menschen zu bewahren. So scheinen die Einschränkungen in erste Linie als legitim, wobei ebenfalls erörtert werden muss, ob „Methoden zum Einsatz kommen, die als unfair, unverantwortlich, skrupellos usw. angesehen werden."[36] Es muss demnach immer der Frage nachgegangen werden, was das Beste für die Bevölkerung ist bzw. was den geringsten Schaden für alle Beteiligten bringt. Des Weiteren folgt daraus, dass eine gewisse Erwartung an alle Unternehmen und beteiligten gestellt werden kann, die sich auf allgemein geltende ethische Werte begründet.[37]

Um diese Erwartung ausformulieren zu können, muss die „Hinzunahme von Kenntnissen empirischer Bedingungen geschehen."[38]

Dies geschieht durch das zweite Element des ethischen Kompasses und wird durch die Einbettung beschrieben, welche Suchanek wie folgt definiert: „Der Gebrauch der Freiheit [erfolgt] nie kontextfrei [...] und es [...] geht [darum], sich dieses Eingebettetseins bewusst zu werden, insbesondere im Hinblick auf mögliche schädigende (Neben-) Wirkungen des eigenen Handelns."[39] Folglich soll das zweite Element die Freiheit in einen zeitlichen sowie sozialen Raum einbetten, um sich der Wirkung und gegebenenfalls einer schädigenden Wirkung bewusst zu werden, wobei gleichzeitig auch nach möglichen Gründen zu dessen Rechtfertigung gesucht wird.[40] Ähnlich geschieht dies auch in der Corona Krise, sodass verschiedene Elemente wie der *Lockdown* in den sozialen, aktuellen Raum der Gesellschaft eingegliedert werden und dabei die Wirkung auf mögliche Schäden analysiert wird.

Als drittes Element führt Suchanek eine „wesentliche Grundlage der Bewertung auf"[41], nämlich den Respekt. Dabei ist „>Respekt< als jener Wert [gemeint], der die Anerkennung der Würde jedes Menschen ausdrückt."[42] Daraus kann wiederum geschlossen werden, dass jeder Mensch ein Recht auf die Berücksichtigung seiner Interessen hat, sodass diese nicht illegitim geschädigt werden dürfen, wobei zu berücksichtigen ist, dass die Interessen der Betroffenen berechtigt sein müssen.[43]

---

[36] Ebd.
[37] Vgl. Ebd.
[38] Ebd.
[39] Ebd.
[40] Vgl. Ebd. S. 185.
[41] Ebd.
[42] Ebd.
[43] Vgl. Ebd.

Das vierte und somit letzte Element ist die Selbstbegrenzung, welches „sich auf die Frage der Umsetzung"[44] bezieht. Die Selbstbegrenzung zielt also auf die Begrenzung „der Freiheit im Handeln dort, wo ansonsten nicht begründbare Schädigungen zu erwarten sind."[45]

Schließlich kann betont werden, dass der ethische Kompass als Orientierungspunkt dient und demnach nur eine theoretische Lösung einer gewissen Handlungssituation aufzeigen könnte.

2. Das Gefangenendilemma der Corona Krise

Die Grundsituation der Corona Krise ist nur allzu deutlich dargelegt worden, sodass die Situation zwischen der Freiheitsberaubung sowie der Aufrechterhaltung der Gesundheit des Menschen deutlich wurde. Hierbei muss betont werden, dass eine eingeschränkte Freiheit mit einem wirtschaftlichen Wohlergehen einhergeht.[46]

Infolgedessen sollen die Auswirkungen der möglichen Entscheidungen näher erläutert werden. Hierbei soll sich unter anderem an dem „Gefangenendilemma" orientiert werden, sodass beurteilt werden kann, inwiefern der ethische Kompass die Situation der Corona Krise beeinflussen kann. Folglich soll das Modell des Gefangenendilemmas kurz erläutert werden. Berücksichtigt wird dabei „sowohl was die Wirkung(sweise) des Virus und dessen Folgen als auch was die ökonomischen Folgen unterschiedlicher Maßnahmen betrifft."[47]

Hierbei soll von vier Szenarien ausgegangen werden, wobei jeweils ein Akteur die Gesundheit des Menschen sowie die Wirtschaft vertritt.[48] Die vier Szenarien beschreiben dabei ein kooperierendes Verhältnis sowie ein defektierendes Verhältnis. Im ersten Verhältnis kooperiert „Akteur A, der*die die ökonomische Perspektive repräsentiert, […] in Form der Befolgung diverser Freiheitseinschränkungen, die dem Schutz vor der weiteren Verbreitung des Virus dienen,"[49] sodass für Akteur B Nachteile entstehen.

Im zweiten Szenarium kooperiert Akteur B, „der*die die Perspektiven des Schutzes der Gesundheit und des menschlichen Lebens repräsentiert, […] eine bedingte

---

[44] Ebd. S. 186.
[45] Ebd.
[46] Vgl. Ebd.
[47] Ebd. S. 187.
[48] Vgl. Ebd.
[49] Ebd.

Öffnung zu akzeptieren,"[50]sodass hierbei Akteur A benachteiligt ist. Des Weiteren gibt es noch die Szenarien, in dem beide Akteure kooperieren sowie defektieren. Beim beidseitigen Kooperieren „ergeben sich die positiven Effekte für beide Seiten, wenngleich beiden Seiten gewisse Einschränkungen hinnehmen müssen."[51] Ein beidseitiges defektieren hingegen stellt die Akteure in einen Konflikt zueinander, sodass zwar bedingt Vorteile bestehen können, dabei jedoch „aufgrund fehlender Kooperation von A die Risiken einer Verbreitung hoch sind."[52]

Infolgedessen stellt sich nun die Frage, inwiefern der ethische Kompass Einfluss auf die vorherrschende Corona Situation nehmen kann sowie welche Entscheidungen ethisch am vertretbarsten sind.

3. Der ethische Kompass und die Corona Krise

Das Ziel der Ethik und des ethischen Kompasses besteht folglich darin, dass „durch die Explikation ethischer Orientierungspunkte spezifische Erwartungsstrukturen und dadurch gesellschaftliche Kooperation gefördert"[53] werden.

Zunächst muss darauf verwiesen werden, dass die Annahmen nur theoretisch berücksichtigt werden können, da normalerweise die Annahmen und Folgen aller Akteure nicht bekannt sind.[54]

Unter Berücksichtigung des Elements der „Einbettung" können die Akteure folglich „die eigene Handlung im Hinblick auf mögliche schädigende (Neben-)Wirkungen beleuchte[n],"[55] sodass eine Neubetrachtung des eigenen Handelns plausibel erscheint und folglich eine Möglichkeit der Kooperation geschaffen werden könnte.

Demzufolge sollte dem Akteur der Wirtschaft deutlich werden, dass eine Aufrechterhaltung der Wirtschaft und damit eine verbundene Freiheit der Bevölkerung zu einer erhöhten Ausbreitung des Virus dient und damit selbst davon absehen sollte, diese Maßnahme durchzusetzen. Auf der anderen Seite des Akteurs der Vertretung der Gesundheit, wird hier die Gefahr der Freiheit im Bezug auf die erhöhte Ausbreitung des Virus deutlich, wobei aber auch die wirtschaftlichen Folgen des Virus nicht außer

---

[50] Ebd.
[51] Ebd. S. 188
[52] Ebd.
[53] Ebd. S. 189.
[54] Vgl. Ebd.
[55] Ebd.

Acht gelassen werden. Folglich kann bereits das Element der „Einbettung" zu einer ethischen, vertretbareren Lösung führen, wobei hier die psychologischen und sozialen Folgen der Menschen nicht berücksichtigt werden, da der Fokus hierbei auf der körperlichen Gesundheit liegt.

Folglich lassen sich hierbei „zwei Transmissionsformen einer solchen Nutzenverringerung unterscheiden: Erstens kann die Information unmittelbar wirken, […] zweitens kann die Information verbunden sein mit der Erkenntnis, dass *andere von einem erwarten.*"[56] Eine Bezugnahme auf das eigene Gewissen kann also „als eine Art Sanktionsreiz interpretiert werden,"[57] sodass es durchaus plausibel erscheint, dass das Nicht-Schädigungs Prinzip als ethischer Orientierungspunkt angenommen werden kann. Die „eigene Einsicht und Internalisierung" der Folgen für den jeweils anderen sind demnach von enormer Wichtigkeit.

Wenn beide Seiten jedoch defektieren, kann von keiner Reflexion einer Nicht-Schädigung der anderen Akteure ausgegangen werden, da „die Wirkung tendenziell an die Wahrnehmung der Reziprozität der Kooperation geknüpft ist,"[58] so auch Suchanek.

Ähnliche Wirkungen lassen sich auszumachen, wenn das Element „Respekt" zu Tragen kommt, denn gegenseitige Respektierung folgert Berücksichtigung der Prinzipien und Wünsche des jeweils anderen. Die Aktivierung dieses Elements basiert „weniger [auf] Fakten […] als vielmehr [auf] Erlebnis[en], Bilder[n], Geschichte[n] u. Ä., die ein >Reframing< auslösen, welches bei den Spieler*innen Empathie weckt."[59] Respekt kann daher also ehr als persönlicher Orientierungspunkt gesehen werden, da dieser nicht auf Fakten basiert.

Auch bei Bewusstwerden des vierten Elements kann das Handeln der Akteure beeinflusst werden. In Verbindung mit dem Nicht-Schädigungsprinzip kann die „Selbstbegrenzung" zu einer höheren Bereitschaft beitragen, dass eigene Forderungen in einem gewissen Maße zurückgestellt werden, um einsichtiger zu sein in Bezug auf die Forderungen der anderen Akteure.[60] Folglich führt ein tieferes Verständnis zu „eine[r] höhere[n] Bereitschaft zu kooperieren."[61] Der Nutzen des ethischen

---

[56] Ebd.
[57] Ebd.
[58] Ebd.
[59] Ebd. S. 190.
[60] Vgl. Ebd.
[61] Ebd. S. 191.

Kompasses hängt demzufolge zunächst sehr stark davon ab, inwiefern die Akteure sich selbst inszenieren, wobei die Elemente des Kompasses ehr auf persönliche Eigenschaften gerichtet sind, bei denen eine Motivation das Richtige zu tun vorherrschen muss, damit die Elemente greifen können. Des Weiteren hängt die Wirksamkeit davon ab, wie hoch der Nutzen für die Akteure ist, denn wohl kaum ein Akteur wird das schlechteste für sich selbst in Kauf nehmen wollen, nur damit der andere Akteur Nutzen ziehen kann. Dementsprechend kann der ethische Kompass erst dann greifen, wenn „die wechselseitigen Verhaltenserwartungen aufeinander ab[ge]stimmt"[62] werden.

Insofern zwei Akteure beteiligt sind, die generell die gleichen Prinzipien vertreten, kann angenommen werden, dass „die grundsätzliche Anerkennung allgemein unterstellt werden kann, […] der die Realisierung des Kooperationsgleichgewichts wahrscheinlicher werden lässt."[63] Trotz dessen spielt der „Faktor Vertrauen eine zentrale Rolle,"[64] denn folglich können ohne Vertrauen die vier Elemente des ethischen Kompasses ihre Wirkung nicht entfalten, sodass sich sagen lässt, dass das Prinzip zu einem Großteil auf der eigenen persönlichen Sichtweise und Einstellung basiert. Denn folglich kann kein Respekt des anderen Akteurs aufkommen, ohne eine generelle Empathie des Gegenübers zu empfinden.

Fazit

Im Zuge der Pandemie werden für den Schutz des Lebens zahlreiche Freiheiten eingeschränkt, vor allem in der Wirtschaft, von denen Deutschland mehrere Jahre brauchen wird, um sich davon wieder zu erholen. Folglich sind Leute arbeitslos geworden und Existenzen wurden vernichtet. Deutschland hat diese wirtschaftliche Bedrohung in Kauf genommen und erörtert, welche Maßnahmen geeignet sind, um das Risiko des Menschen an dem Virus zu erkranken, so gering wie möglich zu halten. Trotz dessen wird versucht, das Verhältnissen in Bezug auf die eigene Freiheit zu bewahren, wobei dies nicht immer von den Betroffenen so empfunden werden kann. Es ist eine Unmöglichkeit, geeignete Maßnahmen zu finden, die alle Betroffenen im gleichen Maß zufriedenstellen kann. So werden Menschen, die der Risikogruppe

---

[62] Ebd.
[63] Ebd.
[64] Ebd.

angehören schwer an dem Virus zu erkranken, immer solche Maßnahmen unterstützen, die eine Ausbreitung des Virus verhindern. Auf der anderen Seite werden diejenigen, die Gefährdet sind ihre Arbeit zu verlieren, solche Maßnahmen unterstützen, die für die Aufrechterhaltung der Wirtschaft dienen. Die Schwierigkeit, hier einen geeigneten Mittelweg zu finden, wird nur allzu deutlich. Folglich ist die ethische Beurteilung des Dilemmas unabdingbar.

Der ethische Kompass zeigt hierbei die Möglichkeiten auf, wie beide Gruppen zu einem Kompromiss in ihren Maßnahmen kommen können. Durch gegenseitige Freiheit, Einbettung, Respekt und Selbstbegrenzung stehen die Chancen für eine Kooperation günstig und in einer realen Distanz.

Nichtsdestotrotz zeigt der ethische Kompass auch Schwachstellen, sodass unter anderem die ethischen Elemente als sehr personenbezogene Elemente eingestuft werden, sodass diese entweder in der Persönlichkeit des Menschen vorhanden sind oder nicht. Die Elemente basieren nicht auf wissenschaftlichen Fakten, sondern beziehen sich durchweg auf das Gute im Menschen. Des Weiteren werden die im Zuge des Nicht-Schädigungsprinzip entstehenden psychischen und sozialen Folgen des Menschen nicht berücksichtigt. So ist es durchaus möglich, dass durch eine Kooperation beider Akteure weiter Folgen und Probleme entstehen.

Generell ist der ethische Kompass jedoch ein solides, einfaches Prinzip für die Beurteilung von Handlungen sowie das Aufzeigen von ethischen Orientierungspunkten.

Letztlich zielt das Prinzip nicht darauf, komplexe ethische Situationen zu beurteilen, sondern ethische Orientierungspunkte zu geben, sodass schließlich gesagt werden kann, dass dies bezogen auf die Corona Krise erfolgreich geschieht.

Literaturverzeichnis

Primärliteratur

Suchanek, Andreas: Wirtschaft, Gesundheit und der ethische Kompass. Eine ethische Reflexion in Zeiten von Corona, in: Lehren aus Corona. Impulse aus der Wirtschafts- und Unternehmensethik, hrsg. v. Alexander Brink, Bettina Hollstein, Marc C. Hübscher u.a., Baden-Baden 2020.

Sekundärliteratur

Felbermayr, Gabriel; Hinz, Julian; Mahlkow, Hendrik: Deutschlands Wirtschaft seit dem Corona-Lockdowns. Wirtschaftliche Effekte des Lockdown in Deutschland, in: Kiel Policy Brief, No. Spezial Corona-Update 1 (2020).

Ossig, Christian (2020). Verfügbar unter: <https://bankenverband.de/newsroom/zitate/coronakrise-schnelle-unkomplizierte-hilfe/>. (eingesehen am 10.02.2021).

Renz-Polster, Herbert: Alles über Corona. Was du wissen musst. Was du tun kannst, 2020.

Richter, Dirk: War der Coronavirus-Lockdown notwendig? Versuch einer wissenschaftlichen Antwort, Bielefeld 2021.